Henri Delaborde

La Gravure de l'Hémicycle des Beaux-Arts

Beaux-Arts

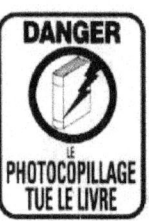 Le code de la propriété intellectuelle du 1er juillet 1992 interdit en effet expressément la photocopie à usage collectif sans autorisation des ayants droit. Or, cette pratique s'est généralisée dans les établissements d'enseignement supérieur, provoquant une baisse brutale des achats de livres et de revues, au point que la possibilité même pour les auteurs de créer des œuvres nouvelles et de les faire éditer correctement est aujourd'hui menacée. En application de la loi du 11 mars 1957, il est interdit de reproduire intégralement ou partiellement le présent ouvrage, sur quelque support que ce soit, sans autorisation de l'Éditeur ou du Centre Français d'Exploitation du Droit de Copie , 20, rue Grands Augustins, 75006 Paris.

ISBN : 978-1719407793

10 9 8 7 6 5 4 3 2 1

Henri Delaborde

La Gravure
de l'Hémicycle
des Beaux-Arts

Beaux-Arts

Table de Matières

La Gravure de l'Hémicycle des Beaux-Arts   7

La Gravure de l'Hémicycle des Beaux-Arts

À aucune époque peut-être, les œuvres de l'art français n'ont paru moins qu'aujourd'hui procéder de la méditation et des longs calculs. L'école du XVIIIe siècle elle-même, qui n'avait pas coutume, on le sait, de s'appesantir beaucoup sur ses travaux, semble presque patiente auprès de l'école moderne. Sauf quelques exceptions illustres et un certain nombre de talents pourvus au moins de loyauté à défaut d'autorité magistrale, les peintres et les sculpteurs contemporains sont avant tout des improvisateurs. Le temps est loin de nous où l'art national avait pour caractères essentiels la gravité et la conscience. Faut-il toutefois désespérer de l'avenir, et l'excès même du mal n'amènera-t-il pas une réaction prochaine et salutaire ? Quand nous serons las enfin de la facilité matérielle, des jongleries de l'exécution, de toutes les contrefaçons du mérite qui nous abusent encore, ne reviendrons-nous pas au culte de nos vieux chefs-d'œuvre, au respect des vraies conditions et du génie même de l'art français ? C'est une question qu'il est assurément permis de poser en présence de quelques œuvres nouvelles, et à propos surtout des derniers travaux de notre école de gravure. Déjà, en examinant les planches publiées dans le cours de l'année qui vient de finir, nous avons eu occasion de constater l'heureuse influence exercée sur plusieurs graveurs français par les exemples de nos anciens maîtres. Aujourd'hui c'est dans un travail beaucoup plus important à tous égards, c'est dans l'œuvre même du chef de l'école que nous retrouvons les témoignages de cette conversion aux principes que les graveurs du XVIIe siècle ont si bien définis et pratiqués.

L'Hémicycle du palais des Beaux-Arts, gravé par M. Henriquel-Dupont, est à la fois un beau spécimen de l'ait contemporain et une étude excellente où l'art ancien se perpétue et se renouvelle. M. Henriquel-Dupont, il est vrai, n'a pas toujours accepté avec la soumission dont il fait preuve aujourd'hui ce rôle d'élève, sinon de continuateur, des Audran et des Nanteuil, il lui est arrivé quelquefois de consulter d'autres modèles et d'abandonner un peu la vieille école française pour s'inspirer en moins bon lieu; mais a-t-on le droit de se rappeler ces erreurs passagères, quand celui qui les a commises se décide à les abjurer si ouvertement ? Ne faut-il pas voir plutôt dans cette gravure de *l'Hémicycle* un signe éclatant de la renaissance de l'école ? Les élèves que M. Henriquel-Dupont a formés, et dont quelques-uns n'hésitent plus à le suivre dans la route où il est rentré depuis quelques années, s'encourageront sans doute du nouveau succès obtenu par leur maître. Protestation éloquente contre les excès de l'ébauchoir et du pinceau, *l'Hémicycle* prend vis-à-vis du petit nombre d'artistes restés fidèles aux travaux du burin une signification particulière; il se présente à notre école de gravure avec l'autorité d'un noble exemple, et il aura pour elle, il faut l'espérer, toute l'efficacité d'un enseignement.

La planche de M. Henriquel-Dupont, bien qu'elle ne soit éditée que depuis quelques semaines, avait paru déjà au salon de 1853. Entrevue seulement alors et un peu perdue dans ces galeries où les regards se tournent de préférence vers les tableaux, elle n'entre à vrai dire que d'aujourd'hui dans le domaine de la publicité. C'est le moment de juger à la fois cet ouvrage et la longue série d'efforts qu'il résume; c'est le moment aussi de jeter un coup d'œil sur l'ensemble des travaux de M. Henriquel-Dupont, en rappelant les plus récentes évolutions de l'école où il a pris place d'abord parmi les artistes d'élite, où il compte aujourd'hui parmi les maîtres.

Il arrive parfois qu'après s'être essayé quelques années dans la gravure, on quitte le burin pour le pinceau. De traducteur qu'on était, on devient auteur de compositions originales. Les frères Johannot ont ainsi transformé leur talent et suivi l'exemple qu'avaient donné dans le XVIIe siècle Pierre Daret, et dans le XVIIIe plusieurs graveurs classés aujourd'hui parmi les peintres de genre. Pour M. Henriquel-Dupont, la transformation a été toute contraire : il étudia d'abord la peinture, et entra, en 1811, dans l'atelier de Guérin, où il eut successivement pour condisciples Géricault, MM. Scheffer, Cogniet, Delacroix et Champmartin. A en juger par le caractère de leur talent, les élèves de Guérin étaient loin d'accepter sans restriction l'influence du maître, et, M. Cogniet excepté, aucun des peintres que nous venons de nommer ne laisserait à coup sûr soupçonner son origine. M. Henriquel-Dupont se trouva donc initié, dans l'atelier même de Guérin, aux secrètes espérances d'un parti qui allait quelques années plus tard se produire au grand jour, se constituer en école, et commencer contre les privilèges académiques cette guerre à demi légitime, à demi injuste, qui a amené quelque bien et engendré beaucoup d'excès : guerre entreprise, comme bien d'autres, au nom d'une réforme et aboutissant à une révolution, où bon nombre des réformateurs devaient à leur insu devenir complices des anarchistes et regretter bientôt, en face de trop vastes ruines, leur ardeur d'émancipation première et leur zèle de destruction.

Des regrets de cette espèce n'étaient pas réservés à M. Henriquel-Dupont. Si, à un moment donné, il semble s'enrôler sous la bannière de l'école romantique, c'est en homme qui n'abdique pas son indépendance et qui prétend ne se compromettre qu'à bon escient. Il ne refuse pas de participer au mouvement dans la mesure de ses inclinations et de ses opinions personnelles; mais il n'admet pour cela ni le programme tout entier, ni toutes les prétentions des novateurs. Que si l'on veut absolument voir des gages donnés au parti dans le *Portrait d'Hussein-Pacha*, d'après M. Champmartin, et dans certaines planches où le mélange de l'aqua-tinte, de l'eau-forte et du burin trahit chez le graveur des tendances assez peu classiques, on conviendra du moins qu'un révolutionnaire si modéré appartient tout au plus à la classe des girondins de l'art, et qu'en essayant de propager quelques-unes des idées nouvelles, il ne s'associe à aucun abus.

Une fois entré dans l'école de Guérin, M. Henriquel-Dupont dut croire, d'après ce qui se passait sous ses yeux, qu'une obéissance absolue n'était pas au nombre des conditions imposées aux élèves, et que chacun pouvait chercher librement sa voie, fût-elle en sens contraire de la route indiquée par le maître. Les peintres formés par David, devenus chefs d'école à leur tour, ne réussissaient pas, tant s'en faut, à exercer l'autorité despotique qu'eux-mêmes avaient subie, et l'on peut dire que, dans l'intervalle qui sépare le règne du peintre des Sabines de l'époque où M. Ingres ressaisit le pouvoir, les jeunes artistes acceptèrent de leurs maîtres des conseils, mais qu'ils ne consentirent plus à recevoir des lois.

D'où provenait cette différence entre l'attitude des élèves vers la fin de l'empire et ce qu'elle avait été au temps du directoire ? De l'immobilité du système d'éducation, opposée à des besoins nouveaux, à des goûts déjà profondément modifiés. Les élèves de David n'avaient, pour la plupart, d'autre ambition que de savoir peindre des académies qu'il leur suffirait de grouper un jour pour en composer quelque bas-relief qualifié alors de tableau. Or, comme l'unique tâche à accomplir pendant les années d'étude était l'exécution de figures isolées d'après le modèle vivant, on conçoit que l'action du maître pût satisfaire à de si modestes désirs et s'exercer sans contrôle sur des œuvres appartenant à un ordre d'art purement matériel : mais plus tard, lorsqu'on s'aperçut que la peinture ne consistait pas tout entière dans l'imitation d'une réalité sans âme, et qu'on rêva quelque chose au-delà de cette fidélité textuelle, le mode d'enseignement accoutumé dut paraître et devint en effet insuffisant, parce qu'il n'y entrait rien qui eût trait à la partie morale de l'art.

Il semble que dans l'atelier de Guérin plus qu'en aucun autre lieu, on sentît le vice de cette éducation incomplète et les inconvénients de ces habitudes traditionnelles. On respectait le talent et la parole, d'ailleurs assez peu impérieuse, du maître, mais à la condition de réviser à part soi les principes qu'il professait, et de demander des leçons aux anciens peintres italiens ou flamands aussi souvent pour le moins qu'au rival de Girodet et de Gérard. Géricault, dont le mâle génie s'annonçait alors dans des essais relativement extravagants, tourmentait par ses exemples l'imagination de ses condisciples, et les entraînait à la recherche d'un idéal que les peintres contemporains, à l'exception de Gros, n'avaient nullement songé à entrevoir. Les idées d'énergie, d'originalité, d'indépendance, qui n'avaient plus cours depuis longtemps, se substituaient dans l'esprit des élèves aux doctrines passives de la génération précédente. En un mot, tout se préparait pour l'espèce de sédition qui allait éclater dès les premières années de la restauration. Trop jeune encore pour jouer un rôle dans ce conflit élevé entre les représentants d'un art suranné et les impatiens apôtres d'une foi naissante, M. Henriquel-Dupont écoutait les théories de ses aînés, suivait d'un œil à demi séduit leurs tentatives d'affranchissement, et aspirait au moment où il aurait acquis assez d'expérience pour prendre rang, lui aussi, parmi les peintres de la nouvelle école. Trois ans s'étaient écoulés depuis qu'il avait commencé de fréquenter l'atelier de Guérin. Encouragé par les progrès accomplis durant cette période, il poursuivait des études au terme desquelles lui apparaissait le succès, lorsque des considérations de famille vinrent brusquement renverser ses projets et anéantir son plus cher espoir. M. Henriquel-Dupont accepta donc, non sans de vifs regrets, les nouvelles conditions qui lui étaient faites, et mis en demeure d'apprendre à manier le burin, il passa en 1814 de l'atelier de Guérin dans celui de Bervic.

La transition était de tous points antipathique aux dispositions du jeune artiste. Non-seulement il lui avait fallu renoncer à des études de son choix, mais il s'agissait maintenant pour lui d'un pénible apprentissage technique, d'études arides que les graveurs de ce temps circonscrivaient dans les limites du procédé, et qui ne pouvaient inspirer qu'une répugnance profonde à un homme nourri, auprès des élèves de Guérin, dans l'horreur de la convention et de la manière. Ce qu'on appelait alors le beau grain, c'est-à-dire la prédominance du moyen matériel sur la forme même, — la manœuvre facile, c'est-à-dire l'ostentation de la dextérité, — était, aux yeux de tous, l'expression suprême de la science; on dédaignait l'art sain et les sévères exemples des graveurs français du XVIIe siècle pour l'habileté sans fond et les faux chefs-d'œuvre des graveurs italiens du XIXe M. Desnoyers, il est vrai, et, avant lui, M. Tardieu, avaient entrepris de restituer à l'école sa vieille physionomie nationale, mais leurs savants efforts étaient demeurés presque sans influence sur les artistes de notre pays, tandis que Morghen rencontrait parmi eux des imitateurs sans nombre et de fervents admirateurs. Les élèves de Bervic n'avaient eu garde de se soustraire à ce détestable empire exercé en France par le graveur napolitain. Ils cherchaient de tout leur cœur dans les évolutions d'un outil ce qu'il faut demander au goût et aux calculs de la pensée; ils ne s'appliquaient qu'à assouplir leur faire en faisant bon marché du sentiment, du style, du dessin, — le tout, il faut le dire, en dépit des vives remontrances de leur maître, qui se repentait hautement de ses erreurs, et qui poussait l'abnégation personnelle jusqu'à recommander expressément à ses élèves de ne voir dans les œuvres qu'il avait produites que des fautes à éviter. On le voit, il était dans la destinée de M. Henriquel-Dupont d'avoir pour maîtres deux hommes qui n'agiraient sur son talent qu'en sens contraire de leurs propres exemples; seulement il ne s'agissait plus ici, comme dans l'atelier de Guérin, de faire cause commune avec des disciples insurgés : c'était le maître lui-même qui relevait ses élèves du serment de fidélité et leur prescrivait de s'écarter de la voie qu'il avait suivie. M. Henriquel-Dupont usa largement de la permission, si largement même qu'un autre que Bervic eût été tenté peut-être d'apporter quelque restriction à ses avis et de trouver un peu d'excès dans ce nouveau genre d'obéissance. Le digne artiste, au contraire, ne songea pas à se démentir. Il encouragea jusqu'au bout l'aversion de son élève pour les doctrines académiques, et lorsque, après quatre années d'apprentissage, le jeune graveur entreprit de produire son talent devant le public, il ne se trouva ni plus autorisé ni plus libre qu'il ne l'avait été dans l'atelier même de Bervic.

Les premiers travaux qu'ait signés M. Henriquel-Dupont sont quelques petites planches gravées pour la librairie. On y remarque déjà un goût d'exécution sobre et une science de la forme plus sûre, un sentiment plus fin que dans les œuvres du même genre publiées au commencement de la restauration; toutefois, en dehors de ce mérite relatif et de la curiosité qui s'attache aux débuts d'un artiste éminent, elles ne sauraient avoir aujourd'hui qu'une importance médiocre et un intérêt assez limité. La première planche, à vrai dire, de M. Henriquel-Dupont, celle qui ouvre dignement la série de ses travaux et où toutes les qualités de sa manière s'annoncent clairement, est le *Portrait d'une Dame* d'après la toile de Van-Dyck que possède le musée du Louvre.

Tout le monde connaît ce beau tableau. Quelque insuffisant que paraisse le titre sous lequel il est d'usage de le désigner, on sait que le *Portrait d'une Dame* représente deux figures : celle d'une femme assise, entièrement vêtue de noir, et celle d'un enfant debout à ses côtés. Pour traduire l'œuvre de Van-Dyck, le graveur avait à se décider entre deux partis : ou il devait adopter pour les masses sombres une gamme de tons très forte et éclairer d'autant plus vivement les chairs, que la couleur des vêtements, obscure dans l'original, aurait été plus résolument absorbée, ou bien il devait atténuer par des dégradations de coloris et l'emploi des demi-tons le rapport des ombres aux lumières, trouver, par exemple, un mode de transition entre le ton intense des étoffes et le ton clair des linges, des visages, des mains. Il fallait, en un mot, exagérer au profit des parties lumineuses la vigueur des autres parties, ou interpréter le tout en sens contraire et donner à l'ensemble un aspect calme par l'expression adoucie des détails. De ces deux systèmes de traduction, M. Henriquel-Dupont choisit le second. Son *Portrait* d'après Yan-Dyck reproduit fidèlement le dessin et le style du modèle; l'effet seul est quelque peu modifié en vue de l'unité, mais ces modifications ne vont pas jusqu'à altérer le caractère essentiel de l'œuvre flamande. Transportée sur le cuivre, celle-ci n'en demeure pas moins une œuvre de coloriste; elle ne change pas de signification tout en se transformant à quelques égards; elle est ingénieusement commentée, mais non dénaturée par le graveur. Ajoutons que rien, dans le travail matériel, ne se ressent du goût, alors presque général, pour cette habileté de mauvais aloi qu'on qualifiait de pratique savante. M. Henriquel-Dupont renouait ainsi, dès son premier ouvrage, la belle tradition française, et, par la sobriété du faire aussi bien que par la pureté du sentiment, il se montrait déjà le digne descendant des savants fondateurs de notre école.

M. Henriquel-Dupont avait trouvé sa voie : il semble qu'il ne lui restât plus qu'à y marcher résolument et à poursuivre sans distraction, sans inquiétude d'aucune sorte, une entreprise si bien commencée. Malheureusement une injuste défiance de lui-même le fit hésiter en face d'un nouveau modèle. Lorsqu'il fut chargé de graver, d'après M. Hersent, l'*Abdication de Gustave Wasa*, il eut la regrettable pensée de négliger en partie les enseignements de l'art ancien et de consulter plus particulièrement, pour l'exécution de ce travail, les exemples de l'école moderne.

Un artiste italien, d'un grand mérite d'ailleurs, M. Toschi, gravait à cette époque l'*Entrée d'Henri IV* d'après Gérard. Quelques épreuves d'essai envoyées à Paris circulèrent dans les ateliers et y produisirent une sensation très vive. La planche, pour nous servir d'un terme du métier, n'était encore que *préparée*, mais la préparation portait l'empreinte d'une verve si puissante, la masse de l'effet était indiquée avec tant de hardiesse, qu'il n'y avait qu'à s'incliner devant un talent de cette force et à voir dans cette ébauche le présage assuré d'un chef-d'œuvre. Rien de mieux. M. Henriquel-Dupont, en partageant l'enthousiasme de ses confrères, faisait sans doute acte de justice; ce n'était pas une raison pour pousser l'admiration si loin qu'elle dégénérât chez lui en zèle un peu inconsidéré d'imitation. Nulle analogie en effet entre le tableau de Gérard et celui qu'il s'agissait ici d'interpréter. L'*Entrée d'Henri IV* est un sujet de mouvement qui autorisait de la part du graveur la recherche de certaines qualités brillantes et une certaine fougue dans l'exécution. L'*Abdication de Gustave Wasa* au contraire n'est rien moins qu'une scène tumultueuse. L'entrain et la facilité du faire couraient risque d'introduire quelque incorrection là où une stricte précision était de mise et d'amoindrir par une apparence d'agitation le sens expressément calme du sujet. M. Henriquel-Dupont ne paraît pas avoir suffisamment approfondi, au moins au début, ces conditions particulières de sa tâche. Un peu trop séduit par l'exemple de M. Toschi, il voulut à son tour, dans la préparation de sa planche, faire preuve d'aisance et d'habileté de main. Lorsqu'il essaya, en terminant, de remédier aux inconvénients de ce premier travail, il ne réussit qu'incomplètement à le modifier. Peut-être est-ce à la méthode adoptée pour l'ébauche qu'il faut attribuer le vide et la mollesse des premiers plans. Traités avec lourdeur, ils sont loin de rappeler le coloris ferme et fin à la fois du *Portrait d'une Dame*; ils ne ressemblent pas davantage aux morceaux exécutés ensuite par le graveur dans des cas analogues, et nous sommes d'autant plus à l'aise pour accuser le ton un peu pesant et le dessin un peu rond des premiers plans de *Gustave Wasa*, que M. Henriquel Dupont s'est corrigé depuis longtemps de ce double défaut.

La préoccupation de la manière italienne qu'il est permis de reprocher à la planche gravée d'après M. Hersent n'est pas au reste la seule que révèle ce travail. A l'époque où M. Henriquel-Dupont entreprit son *Gustave Wasa*, l'importation des estampes anglaises en France était encore un fait assez récent pour qu'on n'eût pas eu le temps de revenir du premier engouement et d'apprécier avec sang-froid la portée réelle de pareilles œuvres. Aujourd'hui nous sommes assez blasés sur le charme de cette manière invariablement futile, sur la coquetterie de cet art fardé, et ses séductions ont été trop souvent renouvelées pour paraître désormais irrésistibles ; mais avant 1830 les graveurs, comme le public, se laissaient pleinement séduire. M. Henriquel-Dupont, sans avoir été entraîné aussi loin que beaucoup d'autres artistes contemporains, ne sut pas se défendre de quelques velléités d'imitation. Déjà, dans son *Portrait d'Hussein-Pacha*, — le plus *romantique* à coup sûr de ses ouvrages, — il avait assez franchement adopté la méthode de Cousins et des autres graveurs anglais. On trouverait dans le *Gustave Wasa* des indices plus soigneusement dissimulés, mais au fond non moins significatifs, de l'attention trop bienveillante que le graveur ac-

La Gravure de l'Hémicycle des Beaux-Arts

cordait aux vignettes venues de Londres. S'est-il reproché depuis cette infidélité aux principes de l'école française ? On le croirait, à voir les œuvres mêmes qu'il a successivement produites. Ce qui est certain, c'est que personne, il y a vingt ans, n'aurait songé à la blâmer, et, loin de paraître répréhensible, le goût un peu anglais que décèlent certaines parties du *Gustave Wasa* ne contribua pas médiocrement à l'éclatant succès qu'obtint cette planche en 1831. Hâtons-nous d'ajouter qu'à tous autres égards un pareil succès était parfaitement légitime. Il fallait certes une extrême souplesse de burin, une rare intelligence des procédés, et, par-dessus tout, un sentiment très délicat du dessin et du coloris pour rendre, sans monotonie comme sans confusion, une multitude d'objets différents quant à l'espèce, mais placés à peu près dans le même milieu. Tant d'étoffes de toutes sortes par exemple, éclairées d'une manière presque uniforme, nécessitaient chacune un mode d'interprétation spécial qui cependant ne vînt pas troubler la limpidité de l'aspect, arrêter le regard et le distraire du spectacle de l'ensemble. Cette variété dans l'unité est sentie et rendue avec une remarquable finesse, et si le *Gustave Wasa* n'est pas tout à fait une œuvre de maître, c'est sans nul doute l'œuvre d'un talent très ingénieux et une estampe pleine de charme.

Le charme, telle est la qualité principale des travaux de M. Henriquel-Dupont; mais n'y eut-il pas dans la vie de l'habile artiste un moment où cette qualité fut bien près de dégénérer en défaut ? Le *Portrait de Mme Pasta*, le *Cromwell* d'après M. Delaroche, le *Louis-Philippe Ier* d'après Gérard, d'autres estampes gravées soit au burin. soit à l'aqua-tinte mélangée de divers procédés, permettaient de craindre qu'à force de rechercher la souplesse du faire et la *morbidezza*, M. Henriquel-Dupont ne tombât en définitive dans la mollesse et dans la langueur. Cette période de transition n'eut heureusement qu'une assez courte durée, et, au lieu de justifier par le résultat les craintes qu'on avait pu concevoir, elle aboutit à un progrès. Éclairé par l'expérience sur les dangers de la méthode anglaise, désabusé sur ses prétendus avantages, comme sur les ressources à tirer de la confusion des procédés, M. Henriquel-Dupont revint à sa première manière. Il renonça à l'aqua-tinte, reprit le burin, qu'il allait manier mieux que jamais, et ne voulut plus puiser ses exemples que dans les œuvres des maîtres français. Ainsi les illusions momentanées du graveur tournèrent au profit de son talent. Qui sait même ? pour acquérir toute sa vigueur et se développer pleinement, ce talent avait besoin peut-être d'une pareille épreuve. Les croyants les plus fervents sont en général les convertis. Si M. Henriquel-Dupont n'avait pas par lui-même connu et expérimenté l'erreur, aurait-il aujourd'hui autant de zèle pour la vérité ? Quoi qu'il en soit, les planches qu'il a publiées depuis une quinzaine d'années attestent une foi entière dans les sains principes de notre ancienne école et une pratique irrévocablement sûre. A peine un de ces ouvrages, *le Christ consolateur*, d'après M. Scheffer, laisserait-il entrevoir encore quelque indécision, explicable d'ailleurs par le dessin un peu vague et le style un peu flottant du modèle. Partout ailleurs on reconnaîtra un esprit guéri du doute et une main qui n'hésite plus.

Cette seconde phase du talent de M. Henriquel-Dupont date de la publication du *Strafford*, gravé d'après M. Delaroche. Jusque-là, M. Henriquel-Dupont avait mérité d'être mis au nombre des graveurs les plus distingués de la jeune école; à partir de ce moment, sa place fut marquée parmi les maîtres. MM. Tardieu et Desnoyers eurent enfin un rival, et ces deux artistes, qui avaient courageusement résisté aux entraînements de la mode, ces disciples obstinés de la vieille et grande école, ne furent plus seuls à en perpétuer les mâles traditions. La planche de M. Henriquel-Dupont est une des plus belles qui aient été produites en France depuis le commencement du siècle. Toute proportion gardée entre les modèles, elle peut être rapprochée des *Vierges* de M. Desnoyers, et si l'on se rend compte des ressources restreintes qu'offrait, au point de vue du coloris, la traduction de l'œuvre originale, on admire d'autant plus la chaleur de ton que le graveur a su introduire dans son travail.

La toile de M. Delaroche se recommande, on le sait, par l'habileté de la mise en scène, par le goût et l'esprit avec lesquels chaque détail est traité; mais en dehors de l'intérêt dramatique inhérent au sujet, ce tableau n'impressionne pas aussi vivement que plusieurs autres du célèbre peintre. La verve d'exécution qui distingue le *Cromwell* et le *Charles Ier à White-Hall*, la couleur solide et harmonieuse de la *Mort du duc de Guise*, ne se trouvent pas ou se retrouvent à un moindre degré dans le *Strafford*. Ces personnages vêtus, à l'exception d'un seul, de noir et de blanc, et se détachant sur un fond terne, donnent à l'aspect général une sorte de dureté. En face des conditions qui lui étaient faites, M. Henriquel-Dupont avait donc une tâche difficile. Certes il ne lui appartenait pas de changer absolument les teintes locales choisies par le peintre, mais il était dans son droit, en essayant de les modifier, de les enrichir, et de suppléer par la variété des tons partiels à l'uniformité un peu aride de l'ensemble. Ce que Gérard Audran avait fait quelquefois pour les tableaux de Lebrun, M. Henriquel-Dupont le fit pour le tableau de M. Delaroche : il sut le traduire fidèlement, tout en le complétant au fond, et y ajouter quelque qualité nouvelle sans pour cela le transformer. Le *Strafford* gravé a tous les genres de mérite qui distinguent la peinture originale. Même conscience dans le dessin, même habileté patiente dans l'imitation des détails d'ajustement, même sentiment du relief et de la vérité palpable ; en outre, l'effet est devenu plus souple, le coloris a acquis une transparence qui n'ôte rien à la fermeté de l'aspect, et les parties dans l'ombre sont vigoureuses sans âpreté ou reliées entre elles sans mollesse. Quant à la manœuvre même, elle a ici, selon le cas, tantôt une sobriété sévère, tantôt une finesse qui atteste l'extrême docilité du burin. A côté de morceaux largement exécutés, certains autres, — comme les chairs, les cheveux, les pièces d'armure, — sont traités si délicatement, que le procédé ne se laisse pas deviner, et qu'on reconnaît seulement l'apparence d'un corps souple, soyeux ou inflexible, là où il n'y a que des tailles diversement entrecroisées, des sillons plus ou moins profonds.

Le *Strafford* révélait dans le talent de M. Henriquel-Dupont un progrès considérable : le *Portrait de M. Bertin*, d'après M. Ingres, vint prouver, quelques années plus tard, que ce progrès ne s'était pas accompli uniquement dans la gravure d'histoire. On sait que la gravure de portrait a ses lois particulières, que l'étalage du moyen matériel serait déplacé là plus que partout ailleurs, et qu'il convient de subordonner à la vérité de l'aspect, au caractère formel de la physionomie, des accessoires qui, dans d'autres cas, peuvent avoir une importance beaucoup plus grande. Voyez les admirables morceaux en ce genre qu'ont laissés les maîtres du XVIIe siècle et même les portraits gravés eu France au commencement du XVIIIe : quelle science discrète, quel sentiment puissant, et en même temps quelle réserve dans les moyens employés pour le traduire ! M.

Henriquel-Dupont se rappelait sans doute ces beaux modèles lorsqu'il gravait son *Portrait de M. Bertin*, et l'on doit avouer que s'il n'a pu égaler tout à fait les maîtres de notre vieille école, il a réussi du moins à s'assimiler en partie leur sage et noble manière. La planche de M. Henriquel-Dupont a d'ailleurs une grande supériorité sur les autres portraits modernes. Elle se soutient, au Cabinet des estampes de la Bibliothèque impériale, même à côté des chefs-d'œuvre de l'art ancien : que ne gagnerait-elle pas à être mise en regard du *Portrait de M. Guizot*, par M. Calamatta, — estampe où la fermeté du dessin ne rachète qu'à demi la bizarrerie du faire, — du *Portrait du duc d'Orléans*, par le même graveur, ou de celui de *Pierre le Grand*, gravé d'après M. Delaroche par M. Henriquel-Dupont lui-même! Dans les travaux de l'école moderne, nous ne voyons à opposer au *Portrait de M. Bertin* que le *Portrait du prince de Talleyrand*, par M. Desnoyers; encore la comparaison ne devrait-elle s'établir qu'entre les deux têtes, la planche de M. Desnoyers étant, pour tout le reste, fort inférieure à l'œuvre de M. Henriquel-Dupont. La seule imperfection sérieuse qu'il soit permis de reprocher à celle-ci est une certaine exagération dans l'intensité du coloris, une apparence un peu dure et quelque chose de chargé dans l'expression des tons solides. Le dessin et le modelé ont d'ailleurs la vigueur et la finesse de la peinture originale; les traits du visage, comme la physionomie qui les anime, sont accentués avec une intelligence singulière et une très remarquable précision.

En analysant ici les travaux de M. Henriquel-Dupont, nous avons indiqué ceux qui résument le mieux ses premières tendances, puis ses hésitations, enfin ses progrès définitifs. On courrait risque toutefois de connaître ce talent incomplètement, on n'asseoirait pas son jugement sur des preuves suffisantes, si l'on négligeait de rapprocher des estampes déjà mentionnées d'autres productions d'un genre plus humble, mais où le sentiment n'a pas moins de distinction, où la main n'est pas moins habile. L'œuvre de M. Henriquel-Dupont contient, à côté de sujets d'histoire et de portraits, — dont quelques-uns d'après des originaux dessinés par le graveur lui-même, — une multitude de petites pièces à l'eau-forte, à la pointe sèche et au burin. Depuis le *Duc d'Orléans*, d'après M. Eugène Lami, jusqu'au *Mirabeau*, d'après M. Delaroche, — vignette que les amateurs à venir rechercheront sans doute comme nous recherchons aujourd'hui les petits chefs-d'œuvre de Saint-Aubin et de Ficquet, — depuis le *Mansard* et le *Perrault*, gravés d'après Rigaud d'une pointe si spirituelle et si fine, jusqu'aux *fac-simile* de plusieurs dessins de M. Delaroche, jusqu'au *Portrait de Mlle Rachel*, d'après M. Lehmann, toute la partie secondaire de l'œuvre de M. Henriquel-Dupont montre ce qu'un pareil talent a en soi de séduisant, de délicat et d'expressément aimable. Jamais d'ailleurs, et sous quelque forme qu'elle se manifeste, l'habileté de M. Henriquel-Dupont ne prend le caractère de la prétention : il semble que le désir de se mettre à la portée de tout le monde l'emporte chez lui sur le désir de se faire admirer, et, si ferme en certains cas que soit sa manière, si sévères que puissent être son sentiment et son goût, le tout a je ne sais quel extérieur de simplicité, on dirait presque de bonhomie, qui plaît au regard plus qu'il ne l'étonné et qui persuade sans s'imposer.

L'Hémicycle du palais des Beaux-Arts possède plus, qu'aucun autre ouvrage de M. Henriquel-Dupont cette force secrète d'expansion sous une apparence modeste; mieux qu'aucun autre il révèle la science profonde qui cherche à se dérober ainsi. Lorsqu'on jette les yeux sur la belle planche qui vient d'être publiée, on dirait qu'elle est le fruit d'un travail simple, ingénu, facile; lorsqu'on l'étudie de près, on devine ce qu'il a fallu d'observations, de comparaisons et d'efforts successifs pour donner à l'aspect général cette unité, à chaque détail cette correction et cette finesse. Rien de moins absolu au premier abord que la forme de cette traduction; rien au fond de moins équivoque ni de plus résolument senti. Essayons, en rapprochant l'œuvre de M. Henriquel-Dupont de l'œuvre peinte par M. Delaroche, de constater dans l'estampe le genre de mérite qui lui est propre et certains points d'originalité.

Il serait hors de propos de chercher à apprécier, en tant qu'ouvrage de peinture, la composition qui orne les murs de la salle des prix au Palais des Beaux-Arts [1] ; qu'il nous soit permis seulement de rappeler en quelques mots le caractère général de ce travail pour indiquer les conditions de la tâche imposée à M. Henriquel-Dupont et les difficultés de plus d'une sorte que le graveur avait à surmonter.

---

1 L'important travail de M. Delaroche a été examiné ici même par un juge dont personne plus que nous ne respecte l'autorité, M. Vitet. Voyez la livraison du 15 décembre 1841.

L'Hémicycle, on le sait, est un résumé quelque peu allégorique, mais avant tout historique, des progrès de l'art à toutes les époques et dans tous les pays.. Il ne nous ouvre pas un olympe peuplé d'artistes à l'état ordinaire des immortels; il nous montre cependant quelque chose de plus qu'une série de portraits des grands maîtres. Placés dans l'atmosphère d'une demi-apothéose et sous la surveillance de cinq génies dont la gravité s'accommoderait assez mal du laisser-aller de la vie familière, environ soixante peintres, sculpteurs et architectes devisent entre eux, mais avec dignité pour la plupart, avec calme, et de meilleure amitié à coup sûr qu'ils n'eussent fait s'ils s'étaient rencontrés ici-bas. Deux graveurs seulement figurent dans ce congrès des maîtres illustres : encore se tiennent-ils à l'arrière-plan, comme s'ils craignaient de se fourvoyer en si haute compagnie, et n'ont-ils d'autres interlocuteurs qu'eux-mêmes. Avec quel regret, soit dit en passant, M. Henriquel-Dupont a-t-il dû contre-signer en quelque sorte l'espèce d'ostracisme décrété par M. Delaroche, et combien lui en aura-t-il coûté pour laisser à cette humble place des hommes tels que Marc-Antoine et Édelinck, alors qu'il voyait se prélasser à des places d'honneur certains peintres ou statuaires moins inspirés peut-être, moins inventeurs que de pareils copistes !

La composition de M. Delaroche a donc une physionomie complexe. Toute la partie centrale est traitée dans un style héroïque : elle n'implique que des idées de majesté absolue et n'exprime qu'une immobilité solennelle au-dessus du fait humain et de la vie. Partout ailleurs la vie circule, les figures se meuvent. Il n'y a pas là sans doute les lignes désordonnées et l'agitation de la foule; mais il y a dans la distribution de ces groupes, dans le geste et l'attitude de ces personnages un souvenir très formel de la réalité. Or, lors même qu'on n'admettrait pas sans réserve le programme de M. Delaroche, lorsqu'on ne souscrirait pas complètement à l'intention qu'a Elle le peintre de mélanger ainsi deux éléments contraires, on avouerait du moins que les inconvénients de ce système sont atténués en raison même des dimensions de la peinture et de sa forme circulaire. Comme le regard impuissant à saisir tout l'ensemble est forcé de s'arrêter tour à tour sur chaque fragment, il passe sans trop de secousse du spectacle de la grandeur épique au spectacle de la vérité pure; il se promène du centre aux extrémités de ce vaste panorama, et, chemin faisant, il a le temps d'oublier la diversité des expressions, des costumes, en un mot l'apparence contradictoire des objets représentés. Mais dans une estampe, c'est-à-dire sur une surface dont l'œil embrassera l'étendue d'un seul coup, ces divergences de style ne manqueront pas de se produire avec plus d'évidence, et le graveur devra nécessairement en modifier l'effet, sous peine de morceler le sens de son œuvre et de nous faire voir une suite de sujets de différents genres là où il avait à nous montrer une seule scène.

Un autre écueil non moins dangereux pour le graveur était la froideur de coloris où il pouvait tomber. Si l'œuvre originale procède à beaucoup d'égards des exemples de la réalité, elle a cependant dans l'aspect général quelque chose d'abstrait et de sagement monotone qui convient à une peinture murale, mais qui, en dehors de la forme, offre peu de ressources aux travaux du burin. Les figures se détachent sur un fond d'architecture en marbre blanc ou sur un ciel lumineux. Eclairées de face et placées presque au même plan, elles se présentent toutes, ou peu s'en faut, dans les mêmes conditions d'effet. Point de grandes masses obscures, point de ces partis-pris violents qui sont de mise dans les tableaux, et que n'autorise pas un genre de peinture où la puissance du relief deviendrait un grave défaut. Les seuls contrastes dont l'emploi ne fut pas interdit au peintre étaient les oppositions résultant de l'espèce même des tons. Pour rendre ces nuances diverses uniformément éclairées, la gravure, qui ne dispose que de deux tons, avait donc ici plus à faire que dans les cas où la variété des teintes est soutenue par la variété de l'effet. Enfin, si l'on se rappelle avec quelle fermeté la silhouette de chaque figure se dessine dans *l'Hémicycle* peint par M. Delaroche, on comprendra le nouveau danger auquel cette précision rigoureuse exposait le graveur. Le burin pouvait aisément la faire tourner en sécheresse ou l'interpréter à contre-sens. En insistant un peu trop sur les contours, il découpait en formes isolées des formes qu'il importait de laisser reliées entre elles. En creusant au contraire ces contours avec trop de réserve, il ôtait au dessin la vigueur nécessaire, il diminuait à la fois la signification du modèle et l'impression qu'il s'agissait de produire; il devenait en même temps infidèle à l'esprit du texte et à l'esprit essentiel de l'interprétation.

La traduction de l'œuvre de M. Delaroche était, on le voit, une des tâches les plus difficiles que la gravure pût accepter. Et d'abord quel mode d'exécution matérielle convenait-il de choisir ? Suffisait-il, à l'exemple de Marc-Antoine dans son *Parnasse* d'après Raphaël, de tracer un dessin sur cuivre, de soutenir ce trait au moyen de quelques masses de tailles, et d'indiquer l'effet eu en formulant seulement le principe ? ou bien fallait-il, comme Gérard Audran dans ses grandes planches d'après Lebrun, accuser toutes les conséquences de l'effet, tout le relief du modelé, et ne rien omettre de ce que la réalité nous donne ? Mais de ces illustres exemples ni l'un ni l'autre ne pouvait être littéralement suivi. L'estampe du *Parnasse*, et en général les estampes de Marc-Antoine, sont gravées d'après les originaux au crayon ou à la plume. Admirablement appropriée au caractère spécial de pareils modèles, la méthode du maître bolonais deviendrait insuffisante, si on l'appliquait à la traduction des œuvres du pinceau. Le maître français, au contraire, n'a interprété que des tableaux; sa manière énergique, si opportune là où il s'agirait de rendre le fait dans toute sa puissance, ne saurait être imitée avec à-propos en face d'une peinture murale dont l'aspect et le sens intime doivent demeurer un peu abstraits. Le meilleur parti à prendre sans doute était une sorte de mezzo-termine entre ces deux systèmes de gravure. Cette méthode intermédiaire entre la recherche exclusive du dessin et le libre emploi de tous les moyens pittoresques, M. Henriquel-Dupont l'a mise en pratique avec une sûreté de goût et un art infinis. La planche qu'il a gravée reproduit évidemment non une œuvre au crayon, mais une peinture, et d'un autre côté la sobriété du ton, la modération dans les travaux, donnent à cette reproduction une physionomie plus austère, un aspect plus immatériel qu'il n'appartient à l'imitation d'un tableau.

Toutefois, si solennel que soit ce style, si sérieuses que puissent être les formes de ce travail, rien dans la planche de M. Henriquel-Dupont n'effarouche le regard par une affectation de gravité. Tout au contraire le séduit et l'attire, parce que cette gravité même est empreinte d'élégance et que l'élévation du sentiment ne revêt nulle part une apparence ambitieuse. Que l'on essaie cependant de se rendre compte des moyens employés pour arriver à cette simplicité sans maigreur, à cette noblesse sans faste : on découvrira les hautes qualités qui se dérobent sous un extérieur si peu arrogant, et l'on comprendra qu'il y a au fond d'une pareille œuvre autant d'intentions sévères, de fortes combinaisons et de savants calculs, qu'il y a de charme et de science modeste à la surface.

Une des difficultés principales pour le graveur était, nous l'avons dit, la concordance à établir entre les diverses parties de la composition. Il fallait montrer côte à côte des figures nues et des hommes vêtus suivant la mode des époques modernes, des êtres imaginaires et des personnages parfaitement réels, sans pouvoir espérer, comme le peintre, que chaque groupe serait vu isolément; il fallait enfin donner à des objets de signification différente un aspect à peu près analogue et créer entre eux une sorte de conformité pittoresque. Pour obtenir ce résultat, M. Henriquel-Dupont a procédé surtout par voie d'élimination, en supprimant ici certains détails d'une vérité un peu trop expressément matérielle, en simplifiant là certaines formes un peu trop compliquées. D'ailleurs rien d'ouvertement sacrifié à cette largeur de l'aspect, point d'expression inerte et monotone, ni d'exagération dans un sens idéal. Ici, comme sous le pinceau de M. Delaroche, chaque peintre, architecte ou sculpteur garde la physionomie de son temps, chaque détail d'ajustement a son relief propre et son apparence essentielle; seulement, tout en diversifiant les procédés, le burin du graveur a su conserver partout une égale sérénité pour ainsi dire, et grâce à cette réserve constante dans la manœuvre, à ce sentiment de mesure dans l'interprétation des effets partiels, aucune dissonance ne vient troubler l'harmonie générale. Ainsi, les deux groupes qui terminent la composition à droite et à gauche, et qui devaient s'isoler quelque peu du reste en raison même de la place où ils se trouvent, se relient cependant aux autres parties par la fermeté dégradée du travail. La figure de Poussin et, à l'extrémité opposée, celles d'Antoine de Messine et de Van-Eyck sont accusées avec une rigueur qui s'atténue dans le modelé des figures voisines. A mesure que celles-ci se rapprochent du centre, le cuivre est moins énergiquement fouillé, les tailles ont plus de légèreté et de souplesse, et en se modifiant ainsi, les travaux arrivent insensiblement à la délicatesse et à la douceur dans les figures placées au milieu.

L'intensité du coloris et de l'effet est proportionnée partout à cette vigueur décroissante du procédé. Les tons, à partir des côtés jusqu'à la partie centrale, passent successivement de l'apparence solide à la limpidité absolue et se déduisent les uns des autres comme les modulations consécutives d'une série d'accords. Afin que rien n'interrompît cette marche de l'effet, M. Henriquel-Dupont, dans l'impuissance où il était d'user des mêmes ressources que le peintre, a dû changer çà et là quelque chose aux partis de couleur adoptés par M. Delaroche. Pour ne citer qu'un exemple, la figure de femme qui lance des couronnes se détache du fond par le vif accent des lumières, au lieu d'être, comme dans la peinture, plus fortement teintée que les marches qui s'élèvent derrière elle. Une pareille modification, si radicale qu'elle soit, n'a rien que de louable, parce qu'en élargissant ainsi la lueur répandue sur la partie centrale de la composition, M. Henriquel-Dupont a achevé de déterminer l'effet clair auquel devait se subordonner et aboutir le ton progressivement adouci des deux parties latérales. Néanmoins, tout en applaudissant au succès de la tentative, nous nous garderons bien d'admettre en général la légitimité de ces infidélités au modèle. De nos jours, où dans les questions d'art comme ailleurs on recule si volontiers la limite des droits, quitte à oublier quelque peu de définir les devoirs, il serait moins à propos que jamais d'approuver à titre de principe ce qui n'est tout au plus qu'une licence permise en quelques rares occasions. Le strict rôle des graveurs est et doit rester un rôle de traducteurs. Il ne leur appartient pas de se substituer aux peintres et de transformer à leur gré l'œuvre qu'ils ont à reproduire. Ils peuvent seulement, à l'exemple de M. Henriquel-Dupont, essayer de compléter le texte et quelquefois en rendre le sens par une expression détournée, faute d'équivalent dans leur propre idiome, mais ils ne sauraient recourir à ce moyen extrême que dans les cas de nécessité absolue et oublier jamais que leur émancipation même doit avoir l'apparence de la soumission.

L'estampe de *l'Hémicycle* résume à merveille ces lois et en même temps ces franchises de l'art. Exactement conforme, quant au dessin et au style, à la peinture qui lui a servi de modèle, elle n'a nullement le caractère servile d'une copie; d'autre part, la liberté avec laquelle certains détails sont interprétés ne dégénère pas en écarts de sentiment ou en ostentation d'originalité. S'ensuit-il que l'œuvre de M. Henriquel-Dupont soit irréprochable de tous points ? C'est ce que nous n'oserions prétendre. Quelque large que soit la part d'éloges due à ce savant ouvrage, il ne serait pas impossible peut-être de noter çà et là quelques imperfections. Peut-être aurait-on le droit d'accuser le modelé un peu rond de certains morceaux, de trouver un peu vague ou un peu vulgaire dans les têtes de Van-Dyck et de Lesueur l'expression si précise, si distinguée partout ailleurs. Enfin ce burin, ordinairement si ménager de ses ressources, se laisse aller parfois à quelque abus dans l'emploi des moyens. Plusieurs mains, — la main gauche de Léonard de Vinci entre autres, — sont chargées de demi-teintes et ne prennent qu'un empire douteux sur la valeur des tons environnants. Mais à quoi bon de pareilles chicanes ? A quoi servirait d'arrêter de loin en loin la loupe sur des taches imperceptibles ? Le juge le plus difficile, trouvât-il à reprendre dans l'exécution de quelques détails, ne pourrait marchander la louange à l'ensemble d'un travail si supérieur aux autres productions de M. Henriquel-Dupont et traité avec une intelligence si magistrale.

La publication de l'estampe gravée par M. Henriquel-Dupont est donc un fait considérable à tous égards, et ce fait peut avoir plus d'un résultat heureux. En ajoutant beaucoup aux titres de l'éminent artiste, il servira puissamment la cause de la gravure elle-même auprès des indifférents et des incrédules; car il ne s'agit pas seulement d'avoir raison de notre insouciance pour les louables efforts et les travaux accomplis de nos jours par les graveurs : ce sont nos préventions contre le procédé même qu'il faut vaincre, c'est l'existence de l'art qui est maintenant mise en question, c'est elle qu'il faut défendre et assurer. De notre temps, où la gravure semble presque un anachronisme, tant nous sommes habitués à voir se substituer partout les jeux de la mécanique aux spéculations du talent, les raisonnements de la critique ne sauraient suffire pour ramener l'opinion. En dépit de la plus judicieuse dissertation sur l'excellence de la gravure, une épreuve héliographique gardera aux yeux de beaucoup de gens toute son autorité et son prestige : mise en regard d'une estampe comme *l'Hémicycle*, elle laissera voir clairement ce qu'il y a d'insuffisant et de faux pour ainsi dire au fond des vérités brutes que formule le daguerréotype. Il en est ainsi dans tous les arts; c'est aux praticiens surtout qu'il appartient de nous convertir. Le beau travail de M. Henriquel-Dupont permet d'apprécier nettement quelle différence sépare l'interprétation volontaire et raisonnée de la fidélité passive. Il nous rappelle ce que nous avions, sinon complètement oublié, au moins à moitié désappris, et mieux que toutes les théories, il terminera, nous l'espérons, l'injuste procès intenté à l'art par les apôtres de la mécanique.

Ce premier point une fois éclairci, qu'on rapproche *l'Hémicycle* et les autres planches gravées par le maître ou par ses élèves des estampes publiées depuis quelques années dans d'autres pays : on sentira que, malgré tant de circonstances contraires, notre école est encore sans rivale, et que, sauf un petit nombre d'artistes italiens, les graveurs français représentent à peu près seuls l'art dans son acception sérieuse et complète. Chose étrange en effet ! en Allemagne et en Angleterre, où les produits de la gravure n'ont pas cessé d'être accueillis avec faveur, on ne trouverait guère à opposer aux planches d'histoire éditées en France que des estampes d'une importance médiocre, des vignettes pour les missels ou des vignettes pour les *keepsake*, et, parmi les pièces de grand format, des scènes gravées au trait avec une précision aride, ou des sujets de chasse gravés à l'aqua-tinte dans un goût trop éloigné, en revanche, de l'aridité et même de la correction. Ici, au contraire, l'espèce de discrédit qui s'attache aux travaux du burin refroidit si peu le zèle des graveurs, qu'ils semblent s'exciter de notre indifférence et travailler à ressusciter le passé pour l'honneur même de l'art national, sans arrière-pensée personnelle. Un pareil désintéressement doit à la fin nous toucher. Que les graveurs persistent donc à démentir par le caractère de leurs œuvres les doctrines et l'habileté futiles auxquelles nous applaudissons aujourd'hui, mais que nous dédaignerons à bon droit demain. Le succès de *l'Hémicycle*, d'ailleurs si légitime, est aussi propre à encourager les vrais artistes qu'à ébranler la confiance de ceux qui se font de l'art un jeu ou une industrie, et la vie même de M. Henriquel-Dupont est un exemple dont chacun peut avoir à profiter. Elle nous montre un grand talent qui, après avoir donné sa mesure et établi nettement sa filiation, se compromet un jour dans des essais qui le dénaturalisent en partie, essais un peu confus, où le mélange des procédés matériels se complique de préoccupations d'un autre ordre; puis ce talent, en dépit des éloges accordés même à ses erreurs, condamne spontanément ces tentatives d'assimilation de la méthode étrangère; il revient, pour n'y plus renoncer, aux principes qui l'avaient inspiré d'abord, à cette sage et noble manière française, expression suprême de la raison dans l'art, et, de progrès en progrès, il arrive à produire non-seulement le *Strafford*, mais cette estampe de *l'Hémicycle*, qui est en même temps un des chefs-d'œuvre de la gravure moderne et le chef-d'œuvre du graveur. N'y a-t-il pas là un enseignement, et les travaux consécutifs de M. Henriquel-Dupont ne prouvent-ils pas une fois de plus que si, dans l'art du burin comme ailleurs, l'adresse ou le caprice peuvent rencontrer un succès éphémère, les succès durables n'appartiennent qu'au savoir, aux efforts patients, et, — nous l'oublions trop, — à la conscience ?

ISBN : 978-1719407793

www.ingramcontent.com/pod-product-compliance
Lightning Source LLC
Chambersburg PA
CBHW030046230526
45472CB00005B/1694